Gesundheitsorientiertes Krafttraining. Erstellung eines Krafttrainingsplans

Dennis Krewer

Bibliografische Information der Deutschen Nationalbibliothek:

Die Deutsche Nationalbibliothek verzeichnet diese Publikation in der Deutschen Nationalbibliografie; detaillierte bibliografische Daten sind im Internet über http://dnb.d-nb.de abrufbar.

ISBN: 9783346644671
Dieses Buch ist auch als E-Book erhältlich.

© GRIN Publishing GmbH
Nymphenburger Straße 86
80636 München

Druck und Bindung: Books on Demand GmbH, Norderstedt Germany
Gedruckt auf säurefreiem Papier aus verantwortungsvollen Quellen

Das Buch bei GRIN: https://www.grin.com/document/1195884

Inhaltsverzeichnis

1   Diagnose

1.1   Allgemeine und biometrische Daten

Tabelle 1: Allgemeine Daten und biometrische Daten (eigene Darstellung)

Alter	24 Jahre
Geschlecht	männlich
Körpergröße	180 cm
Körpergewicht	70 kg
Körperfettanteil	16,00%
Trainingsmotive	Muskelaufbau, definierter Körper, Kraftaufbau
Berufliche Tätigkeit	Student
Aktuelle und frühere sportliche Aktivität	Seit zwei Jahren zwei mal pro Woche Kraft-training ohne systematische Trainingsplanung.
Zeitlicher Verfügungsrahmen	3 mal pro Woche mit jeweils zwei Stunden
Blutdruck	Systolischer Blutdruck: 118 mmHg Diastolischer Blutdruck 76 mmHg
Allgemeiner Gesundheitszustand	keine Beschwerden
Medikamente	keine
Sonstige gesundheitliche Einschränkungen	keine

1.1.1   Bewertung des Blutdrucks

Die Person hat bei der Blutdruckmessung systolisch 118 mmHG und diastolisch 76 mmHg erreicht. Wie aus folgender Tabelle zu entnehmen, ist der Blutdruck des Kunden im optimalen Bereich einzuordnen. Somit geht aus dieser Sicht keine gesundheitliche Gefahr für den Kunden aus.

Tabelle 2: Blutdruckklassifikationen der American Heart Association (modifiziert nach Mancia et al., 2013, S.1286)

Bewertung	Systolischer Blutdruck	Diastolischer Blutdruck
Optimal	Unter 120 mmHg	Unter 80 mmHg
Normal	120-129 mmHg	80-84 mmHg
Hochnormal	130-139 mmHg	85-89 mmHg
Hypertonie Stufe 1	140-159 mmHg	90-99 mmHg
Hypertonie Stufe 2	160-179 mmHg	100-109 mmHg
Hypertonie Stufe 3	Über 180 mmHg	Über 110 mmHg

1.1.2 Bewertung des allgemeinen Gesundheitszustandes

Es liegen keine orthopädischen oder internistischen Probleme vor. Der Kunde befindet sich in keiner ärztlichen Behandlung und steht nicht unter Medikamenteneinfluss. Sein allgemeiner Gesundheitszustand stellt somit für den Kunden keine Einschränkungen dar. Er ist im Hinblick auf das Krafttraining voll belastbar.

1.2 Krafttestung

1.2.1 Auswahl des Testverfahrens

Zur Wahl des Testverfahrens stehen der Maximalkrafttest (1-RM-Test), der Mehrwiederholungskrafttest (X-RM-Test) und die Intensitätsbestimmung über das subjektive Belastungsempfinden.

Die Intensitätsbestimmung über das subjektive Belastungsempfinden ist eher unspezifisch und eignet sich am besten zum Eingewöhnen und Orientieren in der ersten Trainingsphase eines Anfängers ohne Trainingserfahrung und wird daher ausgeschlossen.

Aufgrund der bisherigen zwei Jahre an Training ist die Person zwar schon erfahren, allerdings hat sich das passive Bewegungssystem noch nicht ausreichend angepasst um eine Verletzung bei maximaler Belastung vollkommen auszuschließen, weshalb vom Maximalkrafttest ebenfalls abgesehen wird.

Der Mehrwiederholungskrafttest bietet die Möglichkeit der Ermittlung der Trainingsintensität auf Grundlage des maximal für eine bestimmte Anzahl an Wiederholungen bewältigbaren Gewichts. Bezogen auf die Person eignet sich der Mehrwiederholungskrafttest am besten und wird daher als Testverfahren zur Kraftmessung ausgewählt.

1.2.2 Beschreibung des Testablaufs

Gestartet wird im ersten Schritt mit einer allgemeinen Erwärmung auf dem Laufband von 5-15 Minuten bei einer Herzfrequenz von circa 160 Schlägen pro Minute minus Lebensalter. Es soll unter anderem die Kerntemperatur des Körpers des Kunden erhöhen um ihn auf die folgenden Belastungen vorbereiten aber keinesfalls zu Ermüdungen führen.

Im Anschluss daran folgt ein spezielles Aufwärmen vor jeder Übung, bei dem die lokal beteiligten Muskelgruppen und Gelenkstrukturen aktiviert und stimuliert werden sollen.

Dazu wird die Übung mit 50% des abgeschätzten Trainingsgewichtes in 1-2 Sätzen mit jeweils 10-12 Wiederholungen durchgeführt. Danach beginnt die Testphase. Um das Testgewicht zu ermitteln sollen maximal drei Testversuche pro Übung benötigt werden. Bei Bedarf eines zweiten oder dritten Testsatzes wird das Gewicht um je 5%, 10% oder 25% je nach subjektivem Belastungsempfinden des Probanden erhöht. Das Testgewicht ist erreicht wenn die festgelegte Wiederholungszahl gerade noch konzentrisch durchgeführt werden kann aber eine weitere Wiederholung nicht mehr möglich ist.

1.2.3 Testergebnisse

Tabelle 3: Testergebnisse 10-RM-Test (eigene Darstellung)

Testübungen	Wiederho-lungen	1. Testsatz	2. Testsatz	3. Testsatz	Ergebnis
Latzugmaschine	10	40 kg	45 kg		45 kg
Rudermaschine (enger Griff)	10	35 kg	40 kg		40 kg
Kreuzheben (Langhantel)	10	35 kg	45 kg	55 kg	55 kg
Brustpresse	10	40 kg			40 kg
Rumpfflexions-maschine	10	30 kg			30 kg
Beinpresse (liegend)	10	90 kg	115 kg		115 kg
Bicepscurls (Kurzhantelnt)	10	8 kg	9 kg	10 kg	10 kg
Trizepsdrücken am Kabelzug	10	10 kg			10 kg
Seitheben (Kurz-hanteln)	10	4 kg	5 kg	6 kg	6 kg
Frontheben (Kurzhanteln)	10	6 kg			6 kg

1.2.4 Schlussfolgerungen

Aufgrund vieler individueller Störfaktoren wie zum Beispiel dem Alter, Geschlecht, Motivation und Genetik die auf die Ergebnisse der Kraftmessung Einfluss nehmen, lässt sich in dem Mehrwiederholungskrafttest kein Norm- bzw. Referenzwertvergleich herstellen.

Bei exakt gleichbleibenden Rahmenbedingungen lassen die Ergebnisse des Krafttests einen intraindividuellen Leistungsvergleich zu. Dabei muss zu Beginn jedes folgenden

Mesozyklus ein X-RM-Test wiederholt werden um erneut das optimale Trainingsgewicht zu ermitteln. Dadurch ist es möglich über mehrere Mesozyklen eine persönliche Leistungsentwicklung zu dokumentieren.

Außerdem lassen sich aus dem erfassten Testgewicht Trainingsintensitäten nach der Individuellen-Leistungsbild-Methode (ILB-Methode) ableiten.

2 Zielsetzung/Prognose

Tabelle 4: Zielsetzung/Prognose (eigene Darstellung)

Inhalt	Ausmaß	Zeit
Muskelaufbau, Zunahme an fettfreier Masse	3 kg	6 Monate
Kraftsteigerung im Mehrwiederholungskrafttest	5,00%	6 Wochen
Fettreduktion	-2,00%	3 Monate

Als persönliche Trainingsmotive hat der Kunde Muskelaufbau, Kraftsteigerung und einen insgesamt definierten Körperbau genannt. Diese Ziele lassen sich durch gezieltes Krafttraining und Reduktion des Körperfettanteils erreichen.

Bezogen auf die Normwerte aus Tabelle 5 ist der Körperfettanteil des Kunden im normalen Bereich einzuordnen. Die prozentuale Senkung des Körperfetts geht zunächst automatisch mit der Zunahme an fettfreier Masse einher. Im Verlauf des Makrozyklus soll sich der Körperfettanteil im niedrigeren normalen Bereich einordnen.

Das geäußerte Ziel der Kraftsteigerung soll bereits in den ersten sechs Wochen hauptsächlich durch Anpassungen der Koordination erkennbar sein.

Tabelle 5: Körperfett Klassifikationen für Männer (modifiziert nach Gallagher, D., et al., 2000, S.694-701)

	Frauen				Männer			
Alter (Jahre)niedrig	Niedrig	Normal	Hoch	Sehr hoch	Niedrig	Normal	Hoch	Sehr hoch
20-39	< 21%	21-33%	33-39%	≥ 39%	< 8%	8-20%	20-25%	≥ 25%
40-59	< 23%	23-34%	34-40%	≥ 40%	< 11%	11-22%	22-28%	≥ 28%
60-79	< 24%	24-36%	36-42%	≥ 42%	< 13%	13-25%	25-30%	≥ 30%

3   Trainingsplanung Makrozyklus

3.1   Makrozyklus Darstellung

Tabelle 6: Makrozyklusplanung (eigene Darstellung)

	Mesozyklus 1	Mesozyklus 2	Mesozyklus 3	Mesozyklus 4
Dauer	6 Wochen	6 Wochen	6 Wochen	6 Wochen
Trainingsmethodik	Kraftausdauer	Hypertrophie	Hypertrophie	Maximalkrafttraining
Organisationsform	Ganzkörper, Stationstraining	Ganzkörper, Stationstraining	Ganzkörper, Stationstraining	Ganzkörper, Stationstraining
Trainingseinheiten pro Woche	3-4	3-4	3-4	3-4
Übungen pro Muskelgruppe	1-2	1-2	1-2	1-2
Sätze pro Übung	3	3	3	3
Intensität	70% ILB	80% ILB	85% ILB	90% ILB
Wiederholungen	15	12	10	5
Tempo	2/0/2	2/0/2	2/0/2	2/0/2
Satzpause	30 Sekunden	60 Sekunden	60 Sekunden	90 Sekunden

3.2   Wahl der Übergeordneten Trainingsmethoden

Da der Kunde bisher ohne strukturierte Trainingsplanung trainiert hat und unklar ist wie vorher trainiert wurde, wird im ersten Mesozyklus mit dem Kraftausdauertraining begonnen um als Basis für das folgende Hypertrophietraining eine verbesserte Nährstoffversorgung der Muskeln zu gewährleisten. Danach folgen zwei Mesozyklen mit dem Schwerpunkt auf dem Hypertrophietraining um ein Muskelwachstum zu erreichen. Im Anschluss darauf absolviert der Kunde im Rahmen des vierten Mesozyklus ein Maximalkrafttraining, das eine Kraftsteigerung durch die Verbesserung der neuronalen Ansteuerung der Muskeln erzielt (Pauls, 2011, S.60).

3.3   Belastungsparameter

Aufgrund seiner vorangegangenen Trainingserfahrung ist der Kunde im Grobraster zur Trainingsplanung nach der Individuellen-Leistungsbild-Methode (Tabelle 7) als fortgeschritten einzustufen. Für den Kunden sind 3-4 Trainingseinheiten pro Woche geplant um für seinen Leistungsstand ein Optimum an Regenerationszeit zwischen den Einheiten zu schaffen.

Innerhalb der Trainingseinheiten sollen 1-3 Übungen pro Muskelgruppe absolviert werden um den Kunden nicht zu unterfordern aber gleichzeitig nicht über eine Stunde Krafttraining pro Einheit hinaus zu kommen, da nach dieser Zeit katabole Prozesse im Körper angetrieben werden, die sich negativ auf den Muskelaufbauprozess auswirken können. Dieser Aufbau ist zeitlich für den Kunden realisierbar und passt optimal in seinen angegebenen Verfügungsrahmen.

Über den gesamten Makrozyklus bleibt die Satzzahl pro Übung gleich um den zeitlichen Rahmen nicht zu überschreiten. Die Intensitäten jedoch werden alle sechs Wochen innerhalb der vorgegebenen 70%-90% der Leistungsstufe aus Tabelle 7 nach dem Prinzip der progressiven Belastungssteigerung erhöht um eine Leistungssteigerung zu erreichen (Güllich & Krüger, 2013, S. 447).

Tabelle 7: Grobraster zur Trainingsplanung nach der ILB-Methode (modifiziert nach Kempf & Strack, 2001, S. 40-41)

Leistungsstufe	Zeitstufe (Monate)	Einheiten/ Woche	Übungen/ Muskel	Sätze/ Übung	Intensität in % ILB
Orientierungsstufe	0-1,5	2	1-2	1-2	gering
Anfänger	1,5-6	2	1-2	1-2	50-70
Geübter	6-12	2-3	1-2	2	60-80
Fortgeschrittener	> 12	3-4	1-3	2-3	70-90
Leistungsorientiert	> 36	3-6	1-4	2-4	80-100

3.4 Organisationsform

Bezogen auf seine Gesundheits- und Leistungsvoraussetzungen ist sowohl ein Ganzkörpertraining als auch ein Split-Training für den Kunden möglich. Weil der Kunde einen zeitlichen Verfügungsrahmen von drei Tagen angegeben hat, ist ein Ganzkörpertraining am sinnvollsten. Dabei werden alle Hauptmuskelgruppen in einer Trainingseinheit berücksichtigt.

3.5 Periodisierung

Um die Dauer der ablaufenden Anpassungsprozesses des Organismus auf Trainingsreize zu berücksichtigen, wird die Trainingsstruktur alle sechs Wochen verändert. Für die Gestaltung des Trainings soll dabei das Prinzip der progressiven Belastungssteigerung, des Trainingswirksamen Reizes und der Kontinuität (Güllich & Krüger, 2013, S. 447) besonders berücksichtigt werden. So wird von Mesozyklus zu Mesozyklus die Intensität progressiv gesteigert.

4 Trainingsplanung Mesozyklus

4.1 Darstellung Mesozyklus 1

Tabelle 8: Darstellung des Mesozyklus 1

	Mesozyklus 1
Zyklusdauer	6 Wochen
Spezifisches Trainingsziel	Verbesserung der Ermüdungswiderstandsfähigkeit, Verbesserung der Regeneration, Verbesserung der Kapilarisierung
Trainingseinheiten pro Woche	3
Organisationsform	Ganzkörpertraining/Stationstraining
Übungen pro Muskelgruppe	1-2
Sätze pro Übung	3
Satzpausen	30 Sekunden
Wiederholungszahl	15
Intensität	70% ILB
Bewegungstempo	2/0/2

Tabelle 9: Darstellung der Krafttrainingsübungen Mesozyklus 1 (eigene Darstellung)

Übung	Wiederholung	Satzzahl	Satzpausen
Latzugmaschine	15	3	30 Sekunden
Rudermaschine (enger Griff)	15	3	30 Sekunden
Kreuzheben (Langhantel)	15	3	30 Sekunden
Brustpresse	15	3	30 Sekunden
Rumpfflexionsmaschine	15	3	30 Sekunden

Beinpresse (liegend)	15	3	30 Sekunden
Bizepscurls (Kurzhanteln)	15	3	30 Sekunden
Trizepsdrücken am kabelzug	15	3	30 Sekunden
Seitheben (Kurzhanteln)	15	3	30 Sekunden
Frontheben (Kurzhanteln)	15	3	30 Sekunden

4.2 Begründung der Übungsauswahl

Bei Kraftübungen an Maschinen kommt es zu einer geringeren Fehlerbildung in der Übungsausführung, allerdings finden hierbei nur geringe koordinative Prozesse statt. (Baechle et al., 2008, S. 387). Um die Vorteile beider Methoden auszunutzen, liegt die Übungsauswahl sowohl im Freihantel als auch im Maschinen Bereich.

Der Schwerpunkt des Trainings liegt auf großen Muskelgruppen um einen hohen Zuwachs an Muskelmasse zu erreichen. Außerdem wurden viele mehrgelenkigen Übungen eingebaut, da diese gleichzeitig Kraft, intermuskuläre Koordination und Beweglichkeit verbessern (Hois & Ziegner, 2006, S.18).

Da auch kleinere Muskelgruppen beziehungsweise eingelenkige Übungen trainiert werden, soll im Verlauf einer Trainingseinheit von den mehrgelenkigen Übungen zu den eingelenkigen Übungen übergegangen werden um die einzelnen Muskeln einer mehrgelenkigen Übung nicht vorher zu ermüden.

Tabelle 10: Begründung der Übungsauswahl (eigene Darstellung)

Übung	Primär beanspruchte Muskeln	Individueller Nutzen
Latzugmaschine	M. latissimus dorsi M. teres major (Kempf, 2014, S. 61) M. trapezius pars ascendens (Kempf, 2014, S. 59)	Beanspruchung einer großen Muskelgruppe. Viele Muskeln werden gleichzeitig trainiert.
Rudermaschine (enger Griff)	M. latissimus dorsi M. teres major (Kempf, 2014, S. 61) M. trapezius pars transversa Mm. rhomboidei (Kempf, 2014, S. 59)	Beanspruchung einer großen Muskelgruppe. Viele Muskeln werden gleichzeitig trainiert. So kann ein großer Trainingseffekt erzielt werden.
Brustpresse	M. pectoralis major M. deltoideus pars acromialis M. deltoideus pars clavicularis (Kempf, 2014, S. 61)	Beanspruchung einer großen Muskelgruppe. Viele Muskeln werden gleichzeitig Trainiert.
Kreuzheben (Langhantel)	M. quadrizeps femoris	Viele Muskeln werden gleich-

	M. glutaeus maximus (Kempf, 2014, S. 71) Mm. erector spinae (Kempf, 2014, S. 65)	zeitig trainiert. Die Rücken und Gesäßmuskulatur lässt sich so möglichst alltagsnah trainieren.
Rumpfflexionsmaschine	M. rectus abdominis M. obliquus externus abdominis M. obliquus internus abdominis (Kempf, 2014, S. 67)	Durch die Rumpfflexionsmaschine lässt sich die Rumpfmuskulatur optimal aufbauen, weil die Intensität durch die verschiedenen Gewichte am besten angepasst werden kann.
Beinpresse (liegend)	M. quadricaps femoris M. glutaeus maximus M. biceps femoris M. semitendinosus M. semimembranosus (Kempf, 2014, S. 71)	Die Beinpresse ist trotz Führung alltagsnah und gleichzeitig mit genauer Gewichtsabstufung zu trainieren.
Bizepscurls (Kurzhanteln)	M. Biceps brachii (Kempf, 2014, S. 62) M. brachialis (Kempf, 2014, S. 62) M brachioradialis (Kempf, 2014, S. 62)	Der M. Biceps brachii macht einen großen Anteil des Armumfangs aus, deshalb ist es bezogen auf die Ziele des Kunden wichtig auch isolierte Trainingsübungen zu absolvieren.
Trizepsdrücken am kabelzug	M triceps brachii (Kempf, 2014, S. 62)	Es besteht die Möglichkeit durch das isolierte und geführte Training am Kabelzug einen hohen Kraftzuwachs zu erreichen. Beide Arme werden gleichzeitig trainiert.
Seitheben (Kurzhanteln)	M. deltoideus pars acromialis (Kempf, 2014, S. 61) M. supraspinatus (Kempf, 2014, S. 60) M. trapezius pars descendens	Die Schultermuskulatur kann isoliert trainiert werden um einen Muskelzuwachs zu erreichen.
Frontheben (Kurzhanteln)	M. deltoideus pars clavicularis (Kempf, 2014, S. 61) M. trapezius pars descendens (Kempf, 2014, S. 59)	Die Schultermuskulatur kann isoliert trainiert werden um einen Muskelzuwachs zu erreichen.

5   Literaturrecherche

5.1   Studie 1

Tabelle 11: Effekte des Krafttrainings bei arterieller Hypertonie, Studie 1 (eigene Darstellung)

Titel	Der Effekt von Krafttraining auf den arteriellen Blutdruck bei PatientInnen mit Diabetes mellitus 2, gemessen mit einem ambulanten 24-Stunden Blutdruckmesssystem
Autoren	Strasser B., Haber, P., Strehblow, C., Cauza, E.,
Jahr	2008
Versuchspersonen	10 Patienten mittleren Alters: 59.7 ± 7.3
Versuchsaufbau	Die Patienten absolvierten ein 4 Monate andauerndes Krafttrainingsprogramm, mit 3 nicht aufeinander folgenden Trainingstagen pro Woche. Teil des Trainingsprogramms waren Übungen für alle großen Muskelgruppen. Die Anzahl der Sätze pro Muskelgruppe pro Woche wurde von 3 zu Beginn der Studie bis auf 6 am Ende der Trainingsperiode systematisch erhöht. Vor und Nach der Trainingsphase wurde ein 24-Stunden Blutdruckprofil gemessen.
Ergebnisse	Der mittlere arterielle Blutdruck wurde von 93.8 ± 19.2 auf 90.6 ± 14.3 mmHg (-3.4 % mmHg) reduziert.
Schlussfolgerung	Krafttraining kann über einen bestimmten Zeitraum den Blutdruck signifikant reduzieren und möglicherweise das Risiko für kardiovaskuläre Erkrankungen reduzieren.

5.2   Studie 2

Tabelle 12: Effekte des Krafttrainings bei arterieller Hypertonie, Studie 2 (eigene Darstellung)

Titel	Auswirkungen von Ausdauer- vs. Krafttraining vs. Der Kombination Ausdauer-/Krafttraining auf die systemische Hämodynamik, Gefäßelastizität sowie Herzfrequenzvariabilität bei Patienten mit arterieller Hypertonie
Autoren	Bickenbach, A.L.
Jahr	2011
Versuchspersonen	55 Probanden, darunter 13 Frauen und 42 Männer mit Hypertonie Stufe 1 (Bickenbach, 2011, S. 22)
Versuchsaufbau	Zu Beginn unterzogen sich die Probanden einer 24-Stunden-Blutdruckanalyse. Jeder Teilnehmer wurde zufällig in eine der Gruppen Ausdauertrainingsgruppe, Krafttrainingsgruppe, Ausdauer- und Krafttrainingsgruppe und Kontrollgruppe aufgeteilt. Außer der Kontrollgruppe, die ihre Lebensgewohnheiten wie bisher weiter führen sollten und keinen Sport treiben sollten, absolvierten die Probanden der anderen Gruppen ein zwölf Wochen langen Trainingsplan entsprechend ihrer Gruppe. Die Intensität und Dauer wurde progressiv innerhalb der zwölf

	Wochen gesteigert. (Bickenbach, 2011, S. 22-25)
Ergebnisse	Der Blutdruck wurde in der Ausdauertrainingsgruppe um -3,30 mmHg (2,35%), in der Krafttrainingsgruppe um -4,90 mmHg (3,44%) und in der Ausdauer- und Krafttrainingsgruppe um -5,80 mmHg (4,18%). (Bickenbach, 2011, S. 49-51)
Schlussfogerung	Insgesamt wirkt sich Krafttraining noch positiver auf den Blutdruck aus als Ausdauertraining. Noch bessere Ergebnisse liefert die Kombination aus Ausdauer- und Krafttraining, was eventuell aber auf den höheren Trainingsumfang zurückzuführen ist. Als optimales Mittel gegen Bluthochdruck sollte folglich Krafttraining in die Therapie eines Hypertonie Patienten eingebaut werden.

6 Literaturverzeichnis

Bickenbach, A.L. (2011). *Auswirkungen von Ausdauer- vs. Krafttraining vs. Der Kombination Ausdauer-/Krafttraining auf systematische Hämodynamik, Gefäßelastizität sowie Herzfrequenzvariabilität bei Patienten mit arterieller Hypertonie.* Dissertation, Deutsche Sporthochschule Köln. Köln

Baechle, T.R., Earle, R.W. & Wathen, D. (2008) Resistance training. In T.R. Bachle & R.W. Earle (eds.), *Essentials of strength training and conditioning* (3. ed.) (S. 381-412) Champaign, IL: Human Kinetics.

Bickenbach, A.L. (2011). *Auswirkungen von Ausdauer- vs. Krafttraining vs. Der Kombination Ausdauer-/Krafttraining auf systematische Hämodynamik, Gefäßelastizität sowie Herzfrequenzvariabilität bei Patienten mit arterieller Hypertonie.* Dissertation, Deutsche Sporthochschule Köln. Köln

Gallagher, D., Heymsfield, S.B., Heo, M. et al (2000) Healthy percentage body fat ranges: an approach for developing guidelines based on body mass index. Am. J. Clin. Nutr. 72(3): 694-701

Güllich, A., Krüger, M., (Hrsg.). (2013) *Sport – Das Lehrbuch für das Sportstudium.* Berlin: Springer Spektrum

Hois, G. & Ziegner, A. (2006): Grundlagen des mehrgelenkigen Tranings in Theorie und Praxis. *Bewegungstherapie und Gesundheitssport, 22,* 18-25.

Kempf, H.-D. & Strack, A. (2001) *Der Hantel-Krafttrainer* (3. Aufl.). Reinbek: Rowohlt.

Kempf, H.-D. (Hrsg.). (2014). *Funktionelles Training mit Hand- und Kleingeräten.* Karlsruhe: Springer Medizin

Mancia, G., Fagard, R., Narkiewicz, K., Redón, J., Zanchetti, A., Böhm, M. Et al. (2013). 2013 ESH/ESC Guidelines for the management of arterial hypertension of European Society of Hypertension (ESH) and of the European Society of Cardiology ESC. *Journal of Hypertension, 31* (7), 1281-1357

Pauls, J., (2011). *Krafttraining: die 100 Prinzipien - Handbuch für Trainer, Betreuer und Athleten.* München: Copress Verlag

Strasser, B., Haber, P., Strehblow, C., Cauza, E. (2008). Der Effekt von Krafttraining auf den arteriellen Blutdruck bei PatientInnen mit Diabetes mellitus 2, gemessen mit einem ambulanten 24-Stunden Blutdruckmesssystem. *Wiener Medizinische Wochenschrift, 158* (13-14), 379

7 Abbildungs- und Tabellenverzeichnis

7.1 Tabellenverzeichnis